欽定四庫全書　　集部二

孔北海集　　別集類一　漢

提要

臣等謹案孔北海集一卷漢孔融撰案魏文帝典論論文稱孔氏卓卓信含異氣筆墨之性殆不可勝後漢書融本傳亦曰魏文帝深好融文詞歎曰揚班儔也募天下有上融文章者輒賞以金帛所著詩頌碑文論議六言

策表檄教令書記凡二十五篇隋書經籍志載漢少府孔融集九卷注曰梁十卷録一卷則較本傳所記已多增益新舊唐書皆作十卷蓋猶梁時之舊本宋史始不著録則其集當佚於宋時此本蓋明人所掇拾凡表一篇疏一篇上書三篇奏事二篇議一篇對一篇教一篇書十六篇碑銘一篇論四篇詩共四十五篇其聖人優劣論蓋一文而偶存兩條

編次者遂析為兩篇其實四十四篇也張溥百三家集亦載是編較此本少再告高密令教告高密縣僚屬教二篇大抵捃摭史傳類書多斷簡殘章首尾不具非惟非隋唐之舊即蘇軾孔北海贊序稱讀其所作楊氏四公贊而今本無之則宋人所及見者今亦已不具矣然人既國器文亦鴻寶雖缺佚之餘彌可珍也其六言詩之名見於本傳今所傳三

章詞多凡近又皆盛稱曹操功德斷以融之生平可信其義不出此即使舊本有之亦必黄初間購求遺文之時贋託融作以重曹操未可定為真本也流傳既久姑仍舊本録之而附糾其偽於此集中詩文多有箋釋本事者不知何人所作疏奏之類皆附綴篇末書教之類則夾注篇題之下體例自相違異今悉夾注篇題之下俾從畫一焉乾隆四十六

年三月恭校上

總纂官臣紀昀臣陸錫熊臣孫士毅

總校官臣陸費墀

欽定四庫全書

孔北海集

漢 孔融 撰

表

薦禰衡表

衡字正平有異才不合於時惟善公及楊修常曰大兒孔文舉小兒楊德祖餘子碌碌不足數也公亦深愛其才上表薦之並稱於曹操操欲見衡衡素相輕疾自稱狂病不肯往

臣聞洪水橫流帝思俾乂旁求四方以招賢俊昔世宗

繼統將弘祖業疇咨僝載羣士響臻陛下叡聖纂承基緒遭遇厄運勞謙日仄惟嶽降神異人並出竊見處士平原禰衡年二十四字正平淑質貞亮英才卓躒初涉藝文升堂覩奧目所一見輒誦於口耳所暫聞不忘於心性與道合思若有神弘羊潛計安世默識以衡準之誠不足怪忠果正直志懷霜雪見善若驚疾惡若讐任座抗行史魚厲節殆無以過也鷙鳥累百不如一鶚使衡立朝必有可觀飛辯騁辭溢氣坌涌解疑釋結臨敵

有餘昔賈誼求試屬國詭繫單于終軍欲以長纓牽致勁越弱冠慷慨前世美之近日路粹嚴象亦用異才擢拜臺郎衡宜與比如得龍躍天衢振翼雲漢揚聲紫微垂光虹蜺足以昭近署之多士增四門之穆穆鈞天廣樂必有奇麗之觀帝室皇居必畜非常之寶若衡等輩不可多得激楚陽阿至妙之容嘗伎者之所貪飛兎騕褭絕足奔放良樂之所急也臣等區區敢不以聞陛下篤慎取士必須效試乞令衡以褐衣召見必無可觀采

臣等受面欺之罪

疏

論劉表疏

時荊州牧劉表不供職貢多行僭偽遂乃郊祀天地擬斥乘輿詔書欲發其罪公上書論之

竊聞領荊州牧劉表桀逆放恣所為不軌至乃郊祭天地擬儀社稷雖昏僭惡極罪不容誅至於國體宜且諱之何者萬乘至重天王至尊身為聖躬國為神器陛級縣遠祿位限絕猶天之不可階日月之不可踰也每有一

豎臣輒去圖之若形之四方非所以杜塞邪萌愚謂雖有重戾必宜隱忍賈誼所謂擲鼠忌器蓋謂此也是以齊兵次楚唯責包茅王師敗績不書晉人前以露袁術之罪令復下劉表之事是使跛牂欲窺高岸天險可得而登也案表跋扈擅誅列侯遏絕詔命斷盜貢篚招呼元惡以自營衛專為羣逆主萃淵藪鄗鼎在廟章孰甚焉桑落瓦解其埶可見臣愚以為宜隱郊祀之事以崇

國防

上書

薦謝該書

該字文儀善明左氏為世名儒徒及千人以躬養歸田公上書留之

臣聞高祖創業韓彭諸將征討暴亂陸賈叔孫通進說詩書光武中興吳耿佐命范升衛宏修述舊業故能文武並用成長久之計陛下聖德欽明同符二祖勞謙戹運三年乃讙令尚父鷹揚方叔翰飛王師電鷙羣凶破殄始有櫜弓卧鼓之次宜得名儒典綜禮紀竊見故公

車司馬令謝該體曾史之淑性兼商偃之文學博通羣藝周覽古今物來有應事至不惑清白異行敦悅道訓求之遠近少有疇匹若乃巨骨出吳隼集陳庭黃能入寢亥有二首非夫洽聞者莫識其端也雋不疑定北闕之前夏侯勝辯常陰之驗然後朝士益重儒術今該實卓然比跡前列間以父母老疾棄官欲歸道路險塞無由自致猥使良才抱璞而逃踰越山河沈淪荆楚所謂往而不反者也後日當更饋樂以釣由余剋像以求傅

說豈不煩哉臣愚以為可推錄所在名該令還楚入止
孫卿之去國漢朝追匡衡於平原尊儒貴學惜失賢也

褒厚老臣書

先帝褒厚老臣懼其殞越是故扶接助其氣力三公刺
腋近為憂之罪驚戒也云備大臣非其類也

復王畿古制書

時以司空操領冀州牧或說操復古九州則所
制者廣故公有此奏操以公論建漸廣遂有害
意

臣聞先王分九圻以遠及近春秋內諸夏而外夷狄詩云封畿千里惟民所止故曰天子之居必以衆大言之周室既衰六國力征授賂割裂諸夏鎬京之制商邑之度歷載彌久遂以闇昧秦兼天下政不遵舊革剗五等埽滅侯甸築城萬里濵海立門欲以六合為一區五服為差闕衛不要遂使陳項作難家庭臨海擊行不救聖漢因循未之匡改猶依古法潁川南陽陳留上黨三河近郡不封爵諸侯臣愚以為千里國內可略從周官六

鄉六遂之文分取北郡皆令屬司隸校尉以正王賦以
崇帝室役自近以寬遠繇華貢獻外薄四海揆文奮武
各有典書

奏事

上三府所辟稱故吏事

三府所辟州郡所辟其不謁署不得稱故吏臣惟古典
春秋女在其國稱女在塗稱婦然則在塗之臣應與為
比穀梁傳曰天子之宰通於四海三公之吏不得以未

至爲差狐突曰策名委質貳乃辟也奉命承教策名也昔公孫嬰齊卒於貍蜃時未入國魯君以大夫之禮加焉傳曰吾固許之反為大夫延陵季子解劍帶徐君之墓以明心許之信況受三軍之招修拜辱之辭有資父事君之志耶臣愚以為禮宜從重三公所辟雖未執職便為故吏

奏馬賢事

楚將吳起或遺之一榼酒注之上流使士卒迎流飲其

下明不獨也馬賢於軍中帳內施氍毹士卒飄於風雪

不宜

議

馬日磾不宜加禮議

初太傅馬日磾奉使山東及至淮南數有意於袁術術輕侮之遂奪取其節求去又不聽因欲逼為軍師日磾深自恨遂嘔血而斃及喪自東還朝廷議欲加禮公獨為此議朝廷從之

日磾以上公之尊秉髦節之使銜命直指寧輯東夏而曲媚姦臣為所牽率章表署用輒使首名附下罔上姦

以事君昔國佐當晉軍而不撓宜僚臨白刃而正色王室大臣豈得以見脅爲辭又袁術僭逆非一朝一夕日磾隨從周旋歷歲漢律與罪人交關三日已上皆應知情春秋魯叔孫得臣卒以不發揚襄仲之罪貶不書日鄭人討幽公之亂斲子家之棺聖上哀矜舊臣未忍追案不宜加禮

肉刑不宜復議

時傅幹陳紀皆議復肉刑公獨建此議朝廷善之卒不改以至今日仁人之利溥哉

古者敦龐善否不别吏端刑清政無過失百姓有罪皆自取之末世陵遲風化壞亂政撓其俗法害其人故曰上失其道民散久矣而欲繩之以古刑投之以殘棄非所謂與時消息者也紂斮朝涉之脛天下謂為無道夫九牧之地千八百君若各刖一人是天下常有千八百紂也求俗休和弗可得已且被刑之人慮不全生志在思死類多趨惡莫復歸正夙沙亂齊伊戾禍宋趙高英布為世大患不能止人遂為非也適足絶人還為善耳雖

忠如鬻權信如卞和智如孫臏寃如巷伯才如史遷達如子政一離刀鋸沒世不齒是太甲之思庸穆公之霸秦南睢之骨立衛武之初筵陳湯之都賴魏尚之守邊無所復施也漢開改惡之路凡為此也故明德之君遠度深惟棄短就長不苟革其政者也

對

東海王祭禮對

獻帝子南陽王馮東海王祇薨帝傷其早歿欲為修四時之祭以訪於公公對云

聖恩敦睦感時增思悼二王之靈發哀愍之詔稽度前
典以正禮制竊觀故事前梁懷王臨江愍王齊哀王臨
淮懷王並薨無後同産昆弟即景武昭明四帝是也未
聞前朝修立祭祀若臨時所施則不列傳紀臣愚以為
諸在沖齔聖慈哀悼禮同成人加以號謚者宜稱上恩
祭祀禮畢而後絶之至於一歲之限不合禮意又違先
帝已然之法所未敢處

移教

答王修教

公為北海太守舉修孝廉讓邴原公不聽

原之賢也吾已知之矣昔高陽氏有才子八人堯不能用舜實舉之原可謂不患無位之士以遺後賢不亦可乎

又答王修教

修重辭孝廉公又答之

掾清身潔已歷試諸難謀而鮮過惠訓不倦余嘉乃勲

應乃懿德用升於王庭豈可辭乎

告高密縣立鄭公鄉教

公深敬于玄履屣造門故移教邑令

昔齊置士鄉越有君子軍皆異賢之意也鄭君好學實懷明德昔太史公廷尉吳公謁者僕射鄧公皆漢之名臣又南山四皓有園公夏黃公潛光隱耀世嘉其高皆悉稱公然則公者仁德之正號不必三事大夫也今鄭君鄉宜曰鄭公鄉昔東海于公僅有一節猶或戒鄉人

修其門閭矧乃鄭公之德而無駟牡之路可廣開門衢令容高車號為通德門

下高密賑鄧子然教

志士鄧子然告困焉得愛釜庾之間以傷烈士之心與豆三斛後乏復言

告高密縣立鄭公宅教

玄在徐州公欲其還郡敦請懇惻使者繼蹟故先令修其宅

鄭公久遊南夏今艱難稍平儻有歸來之思無寓人於

我室毀傷其藩垣林木必繕治墻宇以俟還

再告高密令教

高密侯國牋言鄭公增門之崇令容高車結駟之路出麥五斛以酬執事者之勞

告高密僚屬教

既表其居又諱其名公之禮賢可謂至矣

昔周人尊師謂之尚父今可咸曰鄭君不得稱名也

告昌安縣教

邑人高幼自言辟得井中鼎夫鼎久潛于井德之休明雖小重也黃耳金鉉利貞之象國遭凶荒彝器出或者明以饗人

書

與曹操論盛孝章書

憲字孝章會稽人初為臺郎路逢公時十餘歲載歸與言知其奇後為吳郡太守以疾去官歸鄉里孫策平吳忌憲名因之公與操書䟽是徵為騎都尉徵命未至為孫權所害

歲月不居時節如流五十之年忽焉已至公為始滿融

又過二海內知識零落殆盡惟會稽盛孝章尚存其人困於孫氏妻孥湮沒單子獨立孤危愁苦若使憂能傷人此子不得復永年矣春秋傳曰諸侯有相滅亡者桓公不能救則桓公恥之今孝章實丈夫之雄也天下談士依以揚聲而身不免於幽執命不期於旦夕是吾祖不當復論損益之友而朱穆所以絕交也公誠能馳一介之使加咫尺之書則孝章可致友道可弘矣今之少年喜謗前輩或能譏平孝章孝章要為有天下大名九

牧之人所共稱歎燕君市駿馬之骨非欲以騁道里乃當以招絶足也惟公匡復漢室宗社將絶又能正之正之之術實須得賢珠玉無脛而自至者以人好之也況賢者之有足乎昭王築臺以尊郭隗隗雖小才而逢大遇竟能發明主之至心故樂毅自魏往劇辛自趙往鄒衍自齊往嚮使郭隗倒懸而王不解臨溺而王不拯則士亦將高翔遠引莫有北首燕路者矣凡所稱引自公所知而復有云者欲公崇篤斯義也因表不悉

與曹操論酒禁書

公初當來邦人咸抃舞踊躍以望我后亦既至止酒禁施行夫酒之為德久矣古先哲王類帝禋宗和神定人以濟萬國非酒莫以也故天垂酒星之燿地列酒泉之郡人著旨酒之德堯不千鍾無以建太平孔非百觚無以堪上聖樊噲解厄鴻門非豕肩鍾酒無以奮其怒趙之廝養東迎其王非引巵酒無以激其氣高祖非醉斬白蛇無以暢其靈景帝非醉幸唐姬無以開中興袁盎

非醇醪之力無以脫其命定國不酣飲一斛無以決其法故酈生以高陽酒徒著功於漢屈原不餔醩醊醨取困於楚由是觀之酒何負於政哉

又論酒禁書

昨承訓荅陳二代之禍及衆人之敗以酒亡者實如來誨雖然徐偃王行仁義而亡今令不絕仁義燕噲以讓失社稷今令不禁謙退魯因儒而損今令不棄文學夏商亦以婦人失天下今令不斷婚姻而將酒獨急者疑

但惜轂耳非以亡王為戒也

啁曹操討烏桓書

大將軍遠征蕭條海外昔肅慎氏不貢楛矢丁零盜蘇
武牛羊可并案也

報曹操書

操以公名重天下外相容忍而潛忌正議慮鯁大業山陽郗慮承望風旨以微法奏免公因顯明讐怨操書激厲公公荅之歲餘復拜大中大夫

猥惠書敎告所不逮融與鴻豫州里比隣知之最早雖

嘗陳其功美欲以厚於見私信於為國不求其覆過掩
惡有罪望不坐也前者黜退懽欣受之昔趙宣子朝登
韓厥夕被其戮喜而求賀況無彼人之功而敢枉當官
之平哉忠非三閭知非鼂錯竊位為過免罪為幸乃使
餘論遠聞所以慙懼也朱彭寇賈為世壯士愛惡相攻
能為國憂至於輕弱薄劣猶昆蟲之相嚙適足還害其
身誠無所至也晉侯嘉其臣所爭者大而師曠以為不
如心競性旣遲緩與人無傷雖出胯下之負榆次之辱

不知貶毀之於己猶蚊虻之過也子産謂人心不相似或矜埶者欲以取勝為榮不念宋人待四海之客大鑪不欲令酒酸也至於屈穀巨瓠堅而無竅當以無用罪之耳它者奉尊嚴教不敢失墜郗為故吏融所推進趙衰之拔郤穀不輕公叔之升臣也知同其愛訓誨發中雖懿伯之忌猶不得念況恃舊交而欲自外於賢吏哉輒布腹心修好如初苦言至意終身誦之

答虞翻書

翻與公書示以易註公答之

示所著易傳自商瞿以來舛錯多矣去聖彌遠衆說騁辭曩聞延陵之理樂今覩吾君之治易知東南之美者非但會稽之竹箭焉又觀象雲物察應寒溫推本禍福與神合契可謂探賾窮通者已方世清聖上求賢者梁丘以卦筮寧世劉向以洪範昭名想當來翔追蹤前烈相見乃盡不復多陳

與韋甫休書

使君足下懷遠垂勲西戎即敘前別意懷甚多不悉幸
從事至承獲所訊喜而起居不恙而到也云便結駟徑
至舊治西土之人宗服令德解仇崇好以順風化萬里
雍穆如樂之和雖為國家威靈感應亦實士穀堪事之
效也昔伯安躡幽都而登上司子琰以豫州而取宰相
近事未遠當勉功業以豐此慶耳間僻疾動不得復
與足下岸幘廣坐舉杯相於以為邑邑

又與韋甫休書

韋端字甫休杜陵人子康字元將誕字仲將

前日元將來淵才亮茂雅度弘毅偉世之器也昨日仲將又來懿性貞實文敏篤誠保家之主也不意雙珠近出老蚌甚珍貴之

與王朗書

操表徵朗未至公與之書

世路隔塞情問斷絕感懷增思前見章表知尋湯武罪已之迹自投東裔同鯀之罰覽省未周涕隕潛然主上

寛仁貴德宥過曹公輔政思賢並立策書屢下殷勤欵
至知櫂舟浮海息駕廣陵不意黄能突出羽淵也談笑
有期勉行自愛

與張紘書

建安四年紘為孫策奉章至許宫留為侍御史公等皆與親善後曹操聞策薨令紘輔權内附出紘為會稽東郡都尉及權討江夏以東部少事命紘居守遥領所職公遺紘書

聞大軍西征足下留鎮不有居者誰守社稷深固折衝
亦大勲也無乃李廣之氣循髮益怒樂一當單于以盡

餘憤乎南北並定世將無事孫叔投戈絳灌俎豆亦在今日但用離析無緣會面為愁歎耳道直途清相見豈復難哉

又與張紘書

紘既好文學又善楷篆與公書自書公遺紘書美之

前勞手筆多篆書每舉篇見字欣然獨笑如復覩其人也

喻邴原書

原字根矩初署北海功曹公為太守以原為計佐時漢朝陵遲政以賄成原乃將家人入鬱洲山中郡舉有道公以書喻原原遂到遼東

修性保真清虛守高危邦不入久潛樂土王室多難西遷鎬京聖朝勞謙疇咨儁乂我徂求定策命懇惻國之將隕嫠不恤緯家之將亡緹縈跋涉彼匹婦也猶執此義實望根矩仁為己任授手援溺振民於難乃或晏晏居息莫我肯顧謂之君子固如此乎根矩根矩可以來矣

又喻邴原書

原自遼東欲歸鄉里止於三山公移書與之原於是復返積十餘年後乃遁還

隨會在秦賈季在翟諮仰靡所歎息增懐頃知來至近在三山詩不云乎來歸自鎬我行永久今遣五官掾奉問榜人舟楫之勞禍福動靜告慰亂階未已阻兵之雄若棋奕爭梟

與許慱士書

許博士為漢樂器公與書

今足下遠以彝器金石並志為國家來儀之瑞亦丈夫之大勲

與宗從弟書

知晚節豫學旣美大弟困而能寤又合先君加我之義豈惟仁弟實專承之凡我宗族猶或賴焉

與諸卿書

又云先日多惠胡桃深知篤意

鄭康成多臆説人見其名學謂有所出也證案大較要

在五經四部書如非此文近為妄矣若子所執以為郊天鼓必當麒麟之皮也寫孝經本當曾子家策乎

碑銘

衛尉張儉碑

其先張仲實以孝友左右周室晉主夏盟而張老延君譽於四方君稟乾綱之正性蹈高世之殊軌氷潔淵清介然特立雖史魚之勵操叔向之正色未足比焉中常侍同郡侯覽專權王命豺虎肆虐威震天下君以西都

督郵上覽禍亂凶國之罪鞫沒贓姦以巨萬計俄而制
書案驗部黨君為覽所陷亦章名捕逐當世英雄投命
殞身以籍濟君厄者葢數十人故克免斯艱旋宅舊宇
衆庶懐其德王公慕其聲州宰爭命辟大將軍幕府公
車特就家拜少府皆不就也復以衛尉徵明詔嚴切勑
州郡乃不得已而就之銘曰
桓桓我君應天淑靈皓素其質允廸忠貞肆志直道進
不為榮赴戟驕臣發如震霆淩剛摧堅視危如寧

論

汝頴優劣論

融以汝南士勝頴川士陳長文難融答之曰汝南戴子高親止千乘萬騎與光武皇帝共於道中頴川士雖抗節未有頡頏天子者也汝南許子伯與其友人共説世俗將壞因夜舉聲號哭頴川雖憂時未有能哭世者也汝南府許掾教太守鄧晨圖開稻陂數萬頃累世獲其功夜有火光之瑞韓元長雖好地理未有成功見効如

許掾者也汝南張元伯身死之後見夢范巨卿潁川士雖有奇異未有能神而靈者也汝南應世叔讀書五行俱下潁川士雖多聰明未有能離婁並照者也汝南李洪為太尉掾弟殺人當死洪自劾詣閤乞代弟命便飲酖而死弟用得全潁川士雖尚節義未有能殺身成仁如洪者也汝南翟子威為東郡太守始舉義兵以討王莽潁川士雖疾惡未有能破家為國者也汝南袁公著為甲科郎上書欲治梁冀潁川士雖慕忠讜未有能

投命直言者也

聖人優劣論

荀愔等以為聖人俱受乾坤之醇靈禀造化之和氣該百行之高善備九德之淑懿極鴻源之深閭窮品物之情類曠蕩出於無外沈微淪於無内器不是周不充聖極荀以孔子稱大哉堯之為君也唯天為大唯堯則之是為覆益衆聖最優之明文也孔以堯作天子九十餘年政化洽於民心雅頌流於衆聽是以聲德發聞遂為

稱首則易所謂聖人久於其道而天下化成百年然後勝殘去殺必世而後仁者也故曰大哉堯之為君也堯之為聖也明其聖與諸聖同但以人見稱為君爾

聖人優劣又論

馬之駿者名曰騏驥犬之駿者名曰韓盧犬之有韓盧馬之有騏驥人之聖也名號等設騏驥與韓盧並是寧能頭尾相當八脚如一無有先後之覺矣

周武王漢高祖論

周武王從后稷以來至其身相承積五十世俱有魚烏之瑞至高祖一身修德瑞遽有四呂公望形而薦女呂后見雲知其處白蛇分神母哭西入關五星聚又武王伐紂斬而刺之高祖入秦赦子嬰而遣之是寛裕又不如高祖也

詩

六言詩三首

漢家中葉道微董卓作亂乘衰借上虐下專威萬官惶

怖莫違百姓慘慘心悲

其二

郭李分爭為非遷都長安思歸瞻望關東可哀夢想曹公歸來

其三

從洛到許巍巍曹公憂（一作輔）國無私減去厨膳甘肥羣僚率從祈祈雖得俸禄常饑念我苦寒心悲

雜詩二首

巖巖鍾山首赫赫炎天路高明曜雲門遠景灼寒素昂昂累世士結根在所固呂望老匹夫苟為因世故管仲小囚臣獨能建功祚人生有何常但患年歲暮幸托不肖軀且當猛虎步安能苦一身與世同舉厝由不慎小節庸夫笑我度呂望尚不希夷齊何足慕

其二

遠送新行客歲暮乃來歸入門望愛子妻妾向人悲聞子不可見日已潛光輝孤墳在西北常念君來遲褰裳

上墟丘但見蒿與薇白骨歸黃泉肌體乗塵飛生時不識父死後知我誰孤魂遊窮暮飄颻安所依人生圖孠息爾死我念追俛仰內傷心不覺淚沾衣人生自有命但恨生日希

離合作郡姓名字詩

漁父屈節水潛匿方離魚字與旹進止出行施張離日字魚日合成魯

呂公磯釣闔口渭傍離口字九域有聖無土不王離或字口或合成國

好是正直女回于匡離子字海外有截隼逝鷹揚當離

乙字恐古文與今文不同合成孔也六翮將奮羽儀未彰離鬲字蛇龍之蟄

俾也可忽離虫字合成融玫琁隱曜美玉韜光去玉成文不須合無名

無譽放言深藏離與字按轡安行誰謂路長離才字合成舉

臨終詩

言多令事敗器漏苦不密河潰蟻孔端山壞由猿穴涓

涓江漢流天窻通冥室讒邪害公正浮雲翳白日靡辭

無忠誠華繁竟不實人有兩三心安能合為一三人成

市虎浸漬解膠漆生存多所慮長寢萬事畢

失題

歸家酒債多問客粲幾一作成行高談滿四座一日傾千

觴

占句

座上客常滿尊中酒不空

欽定四庫全書

孔北海集

附録

後漢書列傳

孔融字文舉魯國人孔子二十世孫也七世祖霸為元帝師位至侍中（前漢霸字次儒元帝師解見孔昱傳）父宙太山都尉融幼有異才（融家傳曰兄弟七人融第六幼有自然之性年四歲時每與諸兄共食梨融輒引小者大人問其故答曰我小兒法當取小者由是宗族奇之）年十歲隨父詣京師時河南尹

李膺膺潁川襄城人融家傳曰聞漢中李公清節直亮意慕之遂造公門李固漢中人為太尉與此傳不同也以簡重自居不妄接士賓客勑外自非當世名人及與通家皆不得白融欲觀其人故造膺門語門者曰我是李君通家子弟門者言之膺請融問曰高明祖父嘗與僕有恩舊乎融曰然先君孔子與君先人李老君同德比義而相師友家語曰孔子謂南宮敬叔曰吾聞老聃博古而達今通禮樂之源明道德之歸即吾之師也今將往矣遂至周問禮於老聃焉則融與君累世通家衆坐莫不歎息太中大夫陳煒後至煒音于匭反坐中以告煒煒曰

夫人小而聰了大未必奇融應聲曰觀君所言將不早惠乎膺大笑曰高明必為偉器年十三喪父哀悴過毀扶而後起州里歸其孝性好學博涉多該覽山陽張儉為中常侍侯覽所怨覽為刊章下州郡以名捕儉刊削也謂削去告人姓名也儉與融兄褒有舊亡抵於褒不遇抵歸也融家傳褒字文禮時融年十六儉少之而不告融見其有窘色窘迫也謂曰兄雖在外吾獨不能為君主邪因留舍之舍止也後事泄國相以下密就掩捕儉得脫走遂并收褒融送獄二

人未知所坐融曰保納舍藏者融也當坐之襃曰彼來求我非弟之過請甘其罪吏問其母母曰家事任長妾當其辜一門爭死郡縣疑不能決乃上讞之前書音義曰讞請也音宜傑反詔書竟坐襃焉融由是顯名與平原陶丘洪陳留邊讓齊聲稱州郡禮命皆不就辟司徒楊賜府時隱覈官僚之貪濁者將加貶黜融多舉中官親族尚書畏迫內寵召掾屬詰責之融陳對罪惡言無阿撓撓曲也音乃孝反河南尹何進當遷為大將軍楊賜遣融奉謁賀進不時

遒融即奪謁還府投劾而去河南官屬恥之私遣劒客欲追殺融客有言於進曰孔文舉有重名融家傳曰客言於進曰孔文舉於時英雄恃傑譬諸物類猶衆星之有北辰百穀之有黍稷天下莫不屬目也將軍若造怨此人則四方之士引領而去矣不如因而禮之可以示廣於天下進然之既拜而辟融舉高第為侍御史與中丞趙舍不同託病歸家後辟司空掾拜中軍候在職三日遷虎賁中郎將會董卓廢立融每因對答輒有匡正之言以忤卓旨轉為議郎時黃巾寇數州而北海最為

賊衝卓乃諷三府同舉融為北海相融到郡收合士民起兵講武馳檄飛翰引謀州郡賊張饒等羣輩二十萬衆從冀州還融逆擊為饒所敗乃收散兵保朱虛縣稍復鳩集吏民為黃巾所誤者男女四萬餘人更置城邑立學校表顯儒術薦舉賢良鄭玄彭璆邴原等璆音巨秋反又音求郡人甄子然臨孝存知名早卒融恨不及之乃命配食縣社其餘雖一介之善莫不加禮焉郡人無後及四方游士有死亡者皆為棺具而斂葬之時黃巾復來侵

暴融乃出屯都昌都昌縣屬北海郡故城在今青州臨朐縣東北為賊管亥所圍融逼急乃遣東萊太史慈求救於平原相劉備吳志慈字子義東萊人也避事之遼東北海相孔融聞而奇之數遣人訊問其母并致餉遺時融為管亥所圍慈從遼東還母謂之曰汝與孔北海未嘗相見至汝行後贍恤殷勤過於故舊今為賊所圍汝宜赴之慈单步見融既而求救於劉備得兵以解圍焉備驚曰孔北海乃復知天下有劉備邪即遣兵三千救之賊乃散走時袁曹方盛而融無所協附左丞黃祖者稱有意謀勸融有所結納融知紹操終圖漢室不欲與同故怒而殺之融負其高氣志在靖難而

才疎意廣迄無成功迄竟也在郡六年劉備表領青州刺史建安元年為袁譚所攻自春至夏戰士所餘裁數百人流矢雨集戈矛內接融隱几讀書隱憑也莊子曰南郭子綦隱几而坐談笑自若城夜陷乃奔山東妻子為譚所虜及獻帝都許徵融為將作大匠遷少府每朝會訪對融輒引正定議公卿大夫皆隸名而已說文云隸附著初太傅馬日磾奉使山東及至淮南數有意於袁術術輕侮之遂奪取其節求去又不聽因欲逼為軍帥日磾深自恨遂嘔血而斃

三輔決録云日磾字翁叔馬融之族子少傳融業以才學進與楊彪盧植蔡邕等典校中書歷位九卿遂登臺輔獻帝春秋曰術從日磾借節觀之因奪不還條軍中十餘人使促辟之日磾謂術曰卿先代諸公辟士云何而言促之謂公府掾可劫得乎從術求去而術不遺既以失節屈辱憂恚及喪還朝廷議欲加禮融乃獨議曰日磾以上公之尊秉髦節之使銜命直指直指無屈撓也前書有繡衣直指寧輯東夏輯和也而曲媚姦臣為所牽率章表署用輒使首名所上章表及署補用皆以日磾名為首附下罔上前書曰附下罔上者刑姦以事君左傳叔向曰姦以事君者吾所能禦昔國佐當晉軍而不撓公羊傳曰鞌之戰齊師大敗齊侯使國佐如師郤克曰與我紀侯之甗及魯衛

之侵地使耕者東西其畝以蕭同叔子為質則吾舍子國佐曰與我紀侯之甗請諾使反魯衛之侵請諾使耕者東西其畝是則土齊也蕭同叔子者齊君母也齊君母猶晉君之母也曰不可請戰一戰而不勝請再戰再戰而不勝請三戰三戰而不勝則齊國盡子之有也何必蕭同叔子為質揖而去之宜僚臨白刃而正色楚白公勝欲為亂謂石乞曰王卿士皆以五百人當之則可乞曰不可得也曰市南有熊相宜僚者若得之可以當五百人矣乃從白公而見之與言悅告之故辭承之以劒不動事見左傳王室大臣豈得以見脅為辭又袁術僭逆非一朝一夕日磾隨從周旋歷歲漢律與罪人交關三日已上皆應知情春秋魯叔孫得臣卒以不發揚襄仲之罪貶不書日公羊傳曰

叔孫得臣卒何休注曰不日者知公子遂欲殺君而為人臣知賊而不言明當誅也公子遂即襄仲也鄭人討幽公之亂斲子家之棺左傳鄭子家卒鄭人討幽公之亂斲子家之棺而逐其族杜預注曰斲薄其棺不使從卿禮為其殺君故也聖上哀矜舊臣未忍追案不宜加禮朝廷從之時論者多欲復肉刑融乃建議曰古者敦厖善否不別左傳楚申叔時曰人生敦厖杜預注厖厚大也吏端刑清端直也政無過失百姓有罪皆自取之末世陵遲風化壞亂政撓其俗法害其人故曰上失其道民散久矣而欲繩之以古刑投之以殘棄殘其支體而棄廢之非所謂與時消息

者也易曰天地盈虛與時消息紂斮朝涉之脛天下謂為無道尚書曰紂斮朝涉之脛孔安國注曰冬日見朝涉水者謂其脛耐寒斮而視之夫九牧之地千八百君前書賈山曰昔者周蓋千八百國以九牧之人養千八百君也若各刖一人是下常有千八百紂也求俗休和弗可得已且被刑之人慮不念生志在思死類多趨惡莫復歸正夙沙亂齊左傳曰靈公廢太子光立公子牙使高厚傅牙夙沙衛為少傅崔杼逆光而立之是為莊公莊公以夙沙衛易己衛奔高唐以叛伊戾禍宋左傳楚客聘于晉過宋太子痤知之請野享之公使往伊戾請從遣之至則坎用牲加書徵之馳而告曰太子將為亂旣與楚客盟矣公使視之則信有焉公囚太子太子縊死公徐聞其無罪乃

烹伊戾

趙高英布為世大患史記胡亥謂李斯曰高故宦人也遂專信任之後殺李斯刼殺胡亥卒亡秦也前書黥布坐法黥論輸驪山亡之江中為羣盜及屬項羽常為先鋒陷陣後歸漢為九江王謀反誅之不能止人遂為非也適足絕人還為善耳雖忠如鬻權左傳初鬻權強諫楚子弗從臨之以兵懼而從之拳曰吾懼君以兵罪莫大焉遂自刖楚人以為大閽君子曰鬻權可謂愛君矣諫以自納於刑刑猶不忘納君於善信如卞和韓子曰楚人和氏得璞玉於楚山之中獻之武王武王使玉人相之曰石也王以和為謾而刖其左足及文王即位和又奉其璞玉人又曰石也又刖其右足文王薨成王即位和乃抱其璞而哭於楚山之下三日三夜泣盡而繼以血王使玉人攻璞而得寶焉琴操曰荊王封和為陵陽侯和辭不就而去乃作怨歌曰進寶得刑足離分兮去封立

信守休芸兮斷者不續豈不寃兮

智如孫臏

史記孫臏與龐涓學兵法涓事魏惠王為將軍自以能不及臏陰使召臏斷其兩足而黥之臏後入齊威王問兵法以為師魏與趙攻韓齊使田忌將而往龐涓聞去韓而歸臏謂田忌曰三晉之兵素悍勇而輕齊軍半至使齊軍入魏地為十萬竈明日為五萬竈明日為二萬竈龐涓行三日大喜曰我固知齊卒怯入吾地三日士卒亡者過半矣乃棄其步兵與其輕銳倍日并行逐之孫子度其行暮當至馬陵馬陵道狹旁多險阻可伏兵乃斫大樹白而書之曰龐涓死於此木下於是令齊軍曰善射者萬弩夾道而伏期日暮見火舉而俱發涓夜至斫木下見白書乃攢火燭之讀書未畢齊軍萬弩俱發魏軍大亂相失龐涓自知智窮兵敗遂自剄曰遂成豎子之名矣

寃如巷伯

毛萇注詩云巷伯內小臣也掌王后之命於宮中故謂之巷伯被讒將刑寺人孟子傷而作詩以刺幽王也

才如史

遷李陵為匈奴敗馬遷明陵當必立功以報漢遂被下蠶室宮刑後乃著史記達如子政劉向字子政宣帝時上言黃金可成上令典尚方鑄作事費甚多方不驗乃下吏當死上奇其才得踰冬減論班固云向博物洽聞通達古今一離刀鋸沒世不齒國語中刑用刀鋸也是太甲之思庸尚書太甲既立不明伊尹放諸桐三年復歸于亳思庸孔注曰念常道也穆公之霸秦秦穆使孟明白乙等伐鄭蹇叔諫不從晉襄公敗諸崤囚孟明等後歸之穆公曰孤之罪也夫子何罪復使為政遂霸西戎事見左傳南睢之骨立衛武之初筵韓詩曰賓之初筵衛武公飲酒悔過也言賓客初就筵之時賓主秩秩然俱謹敬也賓既醉止載號載呶不知其為惡也陳湯之都賴前書湯字子公遷西域副校尉矯制發諸國兵斬郅支單于於都賴水上魏尚之守邊文帝

時尚為雲中守坐上首虜差六級下吏削爵趙人馮唐為郎為言文帝赦尚復為雲中守也無所復施也漢開改惡之路凡為此也故明德之君遠度深惟弃短就長不苟革其政者也朝廷善之卒不改焉是時荆州牧劉表不供職貢多行僭偽遂乃郊祀天地擬斥乘輿斥指也詔書班下其事融上疏曰竊聞領荆州牧劉表桀逆放恣所為不軌至乃郊祭天地擬儀社稷雖昏僭惡極罪不容誅至於國體宜且諱之體謂國家之大體也何者萬乘至重天王至尊身為聖躬國為神器老子曰天下神器不可為

也陛級縣遠祿位限絕賈誼曰人主之尊譬如堂羣臣如陛衆庶如地故陛乃九級上廉遠地則堂高也猶天之不可階日月之不可踰也論語曰夫子之不可及也猶天之不可階而升也又曰仲尼如日月無得而踰焉每有一豎臣輒云圖之若形之四方非所以杜塞邪萌形見也愚謂雖有重戾必宜隱忍賈誼所謂擲鼠忌器蓋謂此也前書賈誼曰里諺云欲投鼠而忌器此善諭也鼠近於器尚憚不投恐傷其器況乎貴臣之近主乎是以齊兵次楚唯責包茅左傳齊桓伐楚責以苞茅不入王祭不供無以縮酒杜預注曰包裹束也茅菁茅也束茅而灌之以酒為縮酒也王師敗績不書晉人公羊傳成公元年秋王師敗績于貿戎孰敗之蓋晉

敗之曷為不言晉敗之王者無敵莫敢當也前以露袁術之罪今復下劉表之事是使跛牂欲闚高岸天險可得而登也史記李斯曰故城高五丈而樓季不輕犯也太山之高百仞而跛牂牧其上夫樓季而難五丈之限豈跛牂而易百仞之高哉峭漸之埶異也爾雅曰羊牝曰牂易曰天險不可升地險山川丘陵也案表跋扈擅誅列侯遏絕詔命斷盜貢篚鄭玄注儀禮曰篚竹器如篋也書曰厥篚玄纁璣組招呼元惡以自營衛專為羣逆主萃淵藪書曰今商王受亡道為天下逋逃主萃淵藪孔注曰天下罪人逃亡者而紂為魁主窟聚泉府藪澤也郜鼎在廟章孰甚焉左傳取郜大鼎于宋戊申納于太廟臧哀伯諫曰君人者昭德塞違以臨照百官百官於是乎戒懼郜鼎在廟彰孰

甚焉部鼎部國所作也桑落瓦解其埶可見詩曰桑之落矣其黃而隕臣愚以為宜隱郊祀之事以崇國防五年南陽王馮東海王祗薨並獻帝子帝傷其早歿欲為修四時之祭以訪於融融對曰聖恩敦睦感時增思悼二王之靈發哀愍之詔稽度前典以正禮制竊觀故事前梁懷王臨江愍王齊哀王臨淮懷王並薨無後同產昆弟即景武昭明四帝是也梁懷王相景帝弟也立十年薨臨江愍王榮武帝兄也為皇太子四歲廢為王坐侵廟壖地自殺齊懷王閎武帝子昭帝異母兄立八年薨臣賢案齊哀王悼惠王之子高帝之孫非昭帝兄弟當為懷王作哀者誤也臨淮

公衡明帝弟建武十五年立未及進爵為王而薨融家傳及本傳皆作公此為王者亦誤也未聞前朝修立祭祀若臨時所施則不列傳紀臣愚以為諸在沖齓聖慈哀悼禮同成人加以號謚者宜稱上恩稱音尺證反祭祀禮畢而後絕之至於一歲之限不合禮意又違先帝已然之法所未敢處處猶安也初曹操攻屠鄴城袁氏婦子多見侵畧而操子丕私納袁熙妻甄氏袁紹傳熙紹之中子也甄氏中山無極人漢太保甄邯後也父逸上蔡令魏畧曰熙出在幽州甄氏侍姑及鄴城破文帝入紹舍后怖伏姑膝上帝令舉頭就視見其顏色非凡太祖聞其意為迎取之融乃與操書稱武王

伐紂以妲已賜周公妲音丁末反又音旦紂之妃有蘇氏女也紂用其言毒虐衆庶武王克殷斬妲已頭縣之於小白旗以為紂之亡由此女也出列女傳操不悟後問出何經典對曰以今度之想當然耳後操討烏桓建安十二年也又嘲之曰大將軍遠征蕭條海外昔肅慎不貢楛矢國語曰昔武王尅商通于九夷百蠻於是肅慎氏貢楛矢石砮其長尺有咫肅慎國記曰肅慎氏其地在夫餘國北東濱大海魏畧曰挹婁一名肅慎氏說文曰楛木也今遼左有楛木狀如荊葉如楡也丁零盜蘇武牛羊可並案也山海經曰北海之内有丁零之國前書蘇武使匈奴單于徙北海上丁零盜武牛羊武遂窮厄也時年飢兵興操表制酒禁融頻書爭之多侮慢

之辭融集與操書云酒之為德久矣古先哲王類帝禋宗和神定人以濟萬國非酒莫以也故天垂酒星之燿地列酒泉之郡人著旨酒之德堯不千鍾無以建太平孔非百觚無以堪上聖樊噲解厄鴻門非豕肩鍾酒無以奮其怒趙之斯養東迎其王非飲卮酒無以激其氣高祖非醉斬白蛇無以暢其靈景帝非醉幸唐姬無以開中興袁盎非醇醪之力無以脫其命定國不酣飲一斛無以決其法故酈生以高陽酒徒著功於漢屈原不餔糟歠醨取困於楚由是觀之酒何負於政哉又書曰昨承訓荅陳二代之禍及衆人之敗以酒亡者實如來誨雖然徐偃王行仁義而亡今令不絕仁義燕噲以讓失社稷今令不禁謙退魯因儒而損今令不棄文學夏商亦以婦人失天下今令不斷婚姻而將酒獨急者疑但惜穀耳非以亡王為戒也既見操雄詐漸著數不能堪故發辭偏宕多致乖忤偏邪跌宕不拘正理又

嘗奏宜準古王畿之制千里寰內不以封建諸侯周禮方千里曰國畿其外五百里侯畿鄭玄注畿限也操疑其所論建漸廣益憚之然以融名重天下外相容忍而潛忌正議慮鯁大業山陽郗慮續漢書慮字鴻豫山陽高平人少受學於鄭玄虞浦江表傳曰獻帝嘗時見慮及少府孔融問融曰鴻豫何所優長融曰可與適道未可與權慮舉笏曰融昔宰北海政散人流其權安在遂與融互相長短以至不穆曹操以書和解之慮從光祿勳遷御史大夫承望風旨以微法奏免融官因顯明讎怨操故書激厲融曰蓋聞唐虞之朝有克讓之臣尚書曰舜以伯禹為司空禹讓稷契暨臯陶以益為朕虞益讓于朱虎熊羆以伯夷為秩宗伯夷讓

于夔龍故麟鳳來而頌聲作也史記曰於是禹與九韶之樂致異物鳳凰來儀後世德薄猶有殺身為君若齊孟陽代君居牀以待賊西漢紀信乘黃屋誑楚之類也破家為國若要離焚妻子以徇吳李通誅宗族以從漢之類也及至其微睚眦之怨必讎一餐之惠必報史記范睢一餐之德必償睚眦之怨必報故鼂錯念國遺禍於袁盎景帝時錯為御史大夫以諸侯國大請削其土吳楚七國反以誅錯為名袁盎素與錯不相善盎乃進說請斬錯以謝七國景帝遂斬錯也屈平悼楚受譖於椒蘭屈平楚懷王時為三閭大夫秦昭王使張儀譎詐懷王令絕齊交又誘請會武關平諫王不聽其言卒客死於秦懷王子子椒子蘭譖之於襄王而放逐之見史記彭寵傾亂起自朱浮朱浮與寵不相

能數譖之光武寵遂反鄧禹威損失於宗馮鄧禹征赤眉令宗歆馮愔守栒邑二人爭權相攻遂殺歆因反擊禹令流俗本宗誤作宗也由此言之喜怒怨愛禍福所因可不慎與音余昔廉藺小國之臣猶能相下趙惠文王與秦昭王會澠池歸拜藺相如為上卿位在廉頗右頗曰吾不忍為之下必辱之相如每朝常避之頗聞之肉袒負荊謝之相與為刎頸之交事見史記寇賈倉卒武夫屈節崇好光武不問伯升之怨齊侯不疑射鉤之虜公子糾與桓公爭立管仲射桓公中鉤後桓公即位以管仲為相也夫立大操者豈累細故哉往聞二君有執法之平以為小介介猶蔕芥也公法雖平私情為蔕芥者也當收舊好而怨毒漸

積志相危害聞之憮然中夜而起（憮音舞憮失意貌也）昔國家東遷文舉盛歎鴻豫名實相副綜達經學出於鄭玄又明司馬法（史記齊威王使大夫追論古者司馬法其法論田及兵之法也）鴻豫亦稱文舉奇逸博聞誠怪今者與始相違孤與文舉既非舊好又於鴻豫亦無恩紀然願人之相美不樂人之相傷是以區區思協歡好又知二君羣小所搆孤為人臣進不能風化海內退不能建德和人然撫養戰士殺身為國破浮華交會之徒計有餘矣融報曰猥惠書教（猥曲也）告所

不逮融與鴻豫州里比鄰（山陽與魯郡相鄰比）知之最早雖嘗陳其功美欲以厚於見私信於為國不求其覆過掩惡有罪望不坐也前者黜退懽欣受之昔趙宣子朝登韓厥夕被其戮喜而求賀（宣子趙盾謚也國語曰宣子言韓厥于靈公以為司馬河曲之役趙宣子使人以其乘車于行韓厥執而戮之衆咸曰韓厥必不沒矣其主朝升之而暮戮其車其誰安之宣子召而禮之謂諸大夫曰二三子可以賀我矣吾舉厥也中吾乃今知免于罪矣）況無彼人之功而敢枉當官之平哉忠非三閭（即屈原也掌王族三姓曰昭屈景故曰三閭）智非鼂錯竊位為過免罪為幸乃使餘論遠聞所以慙懼

也朱彭冠賈為世壯士愛惡相攻能為國憂至于輕弱
薄劣猶昆蟲之相齧適足還害其身夏小正云昆衆也孫卿子曰昆蟲亦
有知誠無所至也晉侯嘉其臣所爭者大而師曠以為不
如心競左傳秦伯之弟鍼如晉修成叔向命名行人子員行人子朱曰朱也當御三云叔向不應子朱
怒曰班爵同何以黜朱於朝撫劒從之叔向曰秦晉不和久矣今日之事幸而集晉國賴之不集三軍暴骨子
員導二國之言無私子常易之姦以事君者吾所能禦也拂衣從之人救之平公曰晉其庶乎吾臣之所爭者
大師曠曰公室懼卑臣不心競而力爭也性既遲緩與人無傷雖出胯下之
負韓信貧賤淮陰少年侮之令信出胯下榆次之辱史記荆軻嘗遊榆次與蓋聶論劍蓋聶怒

而目之荆輒出去不知貶毀之於己猶蚊虻之過也蚊音文虻音䖟蚊虻之暫過未以為害子產謂人心不相似左傳曰子產謂子皮曰人心不同其如面焉吾豈敢謂子面如吾面乎或矜埶者欲以取勝為榮不念宋人待四海之客大鑪不欲令酒酸也鑪累土為之以居酒瓮四邊隆起一面高如鍛鑪故名鑪字或作壚韓子曰宋人有沽酒者斗槩甚平遇客甚謹為酒甚美而酒不售酒酸者怪其故問所知閭長者楊倩二人曰汝狗猛耶曰狗猛何故不售曰人畏焉令孺子懷錢絜壺往沽狗迎齕之酒所以酸而不售至於屈穀巨瓠堅而無竅當以無用罪之耳韓子曰齊有居士田仲宋人屈穀往見之曰穀聞先生之義不恃仰人而食令穀有樹瓠之法堅如石厚而無竅願獻先生田仲曰

夫子徒謂我也凡貴於樹瓠者為可以盛也今厚而無竅則不可以盛物而任堅如石則不可以割而斟吾無以此瓠為也將棄之今仲不恃仰人而食亦無益人國亦堅瓠之類

宅者奉遵嚴教不敢失墜郗為故吏融所推進趙衰之拔郤縠

左傳晉文公謀元帥趙衰曰郤縠可乃使郤縠將中軍

不輕公叔之升臣也

公叔文子衛大夫其家臣名僎行與文子同升之於公與之並為大夫僎音七遴反見論語

知同其愛訓誨發中

言曹公與巳同愛郗慮故發於中心而訓誨

雖懿伯之忌猶不得念

禮記檀弓曰滕成公之喪使子叔敬叔弔子服惠伯為介及郊為懿伯之忌不入惠伯曰政也不可以叔父之私不將公事遂入鄭玄注曰懿伯惠伯之叔父也忌怨也

况恃舊交而欲自外於賢吏哉

賢吏謂慮也

輒布腹心修好如初苦言至意終身誦之歲餘復拜太中大夫性寬容少忌好士喜誘益後進及退閒職太中大夫職在言議故云閒職賓客日盈其門常歎曰坐上客常滿尊中酒不空吾無憂矣與蔡邕素善邕卒後有虎賁士貌類於邕漢官典職儀曰虎賁中郎將主武賁千五百人融每酒酣引與同坐曰雖無老成人且有典型詩大雅曰雖無老成人尚有典型也融聞人之善若出諸己言有可采必演而成之面告其短而退稱所長薦達賢士多所奬進知而未言以為己過故海內英俊皆

信服之曹操既積嫌忌而郗慮復構成其罪遂令丞相軍謀祭酒路粹典畧曰粹字文蔚陳留人少學于蔡邕建安初以高第擢拜尚書郎後爲軍謀祭酒與陳琳阮瑀等典記室融誅之後人覩粹所作無不嘉其才而忌其筆也枉狀奏融曰少府孔融昔在北海見王室不靜而招合徒衆欲規不軌云我大聖之後而見滅於宋史記曰魯大夫孟釐子曰孔丘聖人之後滅於宋服虔注曰聖人爲商湯也孔子六代祖孔父嘉爲宋華督所殺其子奔魯也有天下者何必卯金刀及與孫權使語謗訕朝廷訕音所諫反訕謂謗毀也蒼頡篇曰訕非也又融爲九列不遵朝儀禿巾微行謂不加幘唐突宮掖又前

與白衣禰衡跌蕩放言跌蕩無儀檢也放縱也云父之於子當有何親論其本意實為情欲發耳子之於母亦復奚為譬如寄物缻中說文曰缻缶也字書曰缻似缶而高出則離矣既而與衡更相贊揚衡謂融曰仲尼不死融答曰顏回復生大逆不道宜極重誅書奏下獄棄市時年五十六妻子皆被誅初女年七歲男年九歲以其幼弱得全寄它舍二子方奕棋融被收而不動左右曰父執而不起何也答曰安有巢毀而卵不破乎主人有遺肉汁男渴而飲之女曰

今日之禍豈得以活何賴知肉味乎兒號泣而止或言於曹操遂盡殺之及收至謂兒曰若死者有知得見父母豈非至願乃延頸就刑顏色不變莫不傷之初京兆人脂習元升與融相善每戒融剛直（魏畧曰曹操為司空威德日盛融故以舊意書疏倨傲習常責融令改節融不從之）及被害許下莫敢收者習往撫尸曰文舉舍我死吾何用生為操聞大怒將收習殺之後得赦出魏文帝深好融文辭歎曰楊班儔也募天下有上融文章者輒賞以金帛所著詩頌碑文論議六言

策文表檄教令書記凡二十五篇文帝以習有欒布之節加中散大夫前書曰欒布梁人也為梁王彭越大夫使於齊未反漢誅越梟首雒陽下布還奏事越頭下祠而哭之

論曰昔諫大夫鄭昌有言山有猛獸者藜藿為之不採宣帝時司隷校尉蓋寬饒以直言得罪鄭昌愍傷寬饒忠直憂國以言事不當意而為文吏所詆挫故上書訟之是以孔父正色不容弑虐之謀公羊傳曰孔父正色而立于朝則人莫敢過而致難于其君者孔父可謂義形於色矣平仲立朝有紓盜齊之望紓音舒解也緩也盜齊謂田常也莊子曰田成子一旦弑齊君而盜其國左傳齊景公坐於路寢公歎曰美哉室其誰有

此乎晏子對曰如君之言其陳氏乎公曰是可若何對曰唯禮可以已之若夫文舉之高志直情其足以動義概而忤雄心忤逆也故使移鼎之迹事隔於人存移鼎謂遷漢之鼎也人存謂曹操身在不得篡位也左傳曰桀有昏德鼎遷于商商紂暴虐鼎遷于周代終之規啓機於身後也代終謂代漢祚之終也身後謂曹丕受禪也夫嚴氣正性覆折而已豈有員園委屈可以每其生哉園即刓字音五丸反前書音義曰刓謂刓團無稜角也每貪也言寧正直以傾覆摧折不能委屈以貪生也賈誼曰品庶每生懍懍焉皜皜焉其與琨玉秋霜比質可也懍懍言勁烈如秋霜也皜皜言堅貞如白玉也皜音古老反

續漢書列傳

融字文舉孔子二十世孫也高祖父尚鉅鹿太守父宙太山都尉融幼有異才時河南尹李膺有重名勑門下簡通賓客非當世英賢及通家子孫弗見也融年十餘歲欲觀其為人遂造膺門語門者曰我李君通家子孫也膺見融問曰高明祖父嘗與僕周旋乎融曰然先君孔子與君先人李老君同德比義而相師友則融與君累世通家也衆坐奇之僉曰異童子也太中大夫陳煒

後至同坐以告煒煒曰人少時了了者大亦未必奇也融答曰即如所言君之幼時豈實慧乎膺大笑顧謂曰高明長大必為偉器山陽張儉以中正為中常侍侯覽所忿疾覽為刊章下州郡捕儉儉與融兄褒有舊亡投褒遇褒出時融年十六儉以其少不告也融知儉長者有窘迫色謂曰吾獨不能為君主耶因留舍藏之後事泄國相以下密就掩捕儉得脫走登時収融及褒送獄融曰保納藏舍者融也融當坐之褒曰彼來求我罪我

之由非弟之過我當坐之兄弟爭死郡縣疑不能決乃
上讞詔書令襃坐焉融由是名震遠近與平原陶丘洪
陳留邊讓並以俊秀為後進冠蓋融持論經理不及讓
等而逸才宏博過之司徒大將軍辟舉高第累遷北軍
中候虎賁中郎將北海相時年三十八承黃巾殘破之
後修復城邑崇學校設庠序舉賢才顯儒士以彭璆為
方正邴原為有道王修為孝廉告高密縣為鄭玄特立
一鄉名為鄭公鄉又國人無後及四方游士有死亡者

皆為棺木而殯葬之郡人甄子然孝行知名早卒融恨不及之乃令配食縣社其禮賢如此在郡六年劉備表融領青州刺史建安元年徵還為將作大匠遷少府每
朝會訪對輒為議主諸卿大夫寄名而已

漢紀別傳

融在郡八年僅以身免帝初都許融以為宜畧依舊制定王畿正司隷所部為千里之封乃引公卿上書言其義是時天下草創曹袁之權未分融所建明不識時務

又天性氣爽頗推平生之意狎侮太祖太祖制酒禁而融書嘲之曰天有酒旗之星地列酒泉之郡人有旨酒之德故堯不飲千鍾無以成其聖且桀紂以色亡國今令不絕婚姻也太祖外雖寛容而内不能平御史大夫郗慮知旨以法免融官歲餘拜大中大夫雖居家失勢而賓客日滿其門愛才樂酒常歎曰坐上客常滿尊中酒不空吾無憂矣虎賁士有貌類蔡邕者融每酒酣輒引與同坐曰雖無老成人尚有典刑其好士如此

論贊

蘇軾曰文舉以英偉冠世之資師表海内意所予奪天下從之此人中龍也而曹操陰賊險狠特鬼蜮之雄者耳其勢不兩立非公誅操則操害公此理之常而前史乃謂公負高氣志在靖難而才踈意廣訖無成功此蓋當時奴婢小人論公之語公之無成天也使天未欲亡漢公誅操如殺狐兎何足道哉世之稱人豪者志氣各有高卑然皆以臨難不懼談笑就死為

雄操以病亡子孫滿前咿嚶涕泣留連妾婦分香賣履區處衣物平生姦偽死見真性世以成敗論人故操得在英雄之列而公見謂才踈意廣豈不悲哉操平生畏劉備而備以公知天下有已為喜天若祚漢公使備誅操無難也余讀公所作楊四公贊歎曰方操害公復有魯國一男子慨然爭之公庶幾不死乃作孔北海贊曰晉有羯奴盜賊之靡欺孤如操又羯所恥我書春秋與齊豹齒文舉在天雖亡不死我宗

若人尚友千祀視公如龍視操如鬼

楊慎曰孔北海大志直節東海名流而與建安七子並稱駱賓王勁辭忠憤唐之義士而與垂拱四傑為列以文章之末技而掩其立身之大閑可惜也君子當表而出之

張溥曰魯國男子孔文舉年大於曹操二歲家世聲華曹氏不敵其詩文益非操所敢望也操殺文舉在建安十三年時僭形已彰文舉既不能誅之又不能遠

之並立衰朝戲諧笑傲激其忌怒無啻肉餧餓虎此
南陽管樂所深悲也曹丕論文首推北海金帛募錄
比於楊班脂元升往叚文舉官以中散丕好賢知文
十倍於操然令文舉不死親見漢帝禪受當塗盜鼎
亦必舉族沈焚所恨者其死先操狐鼠晏行攘袂之
日天下遂無孔父仇牧耳文舉天性樂善甄臨配食
虎賁同坐死不相負何況生存盛憲困於孫權葆首
急難禰衡謝該淪落下士抗章推舉令讀其書表如

鮑子復生禽息不沒彼之大度豈止六國四公子乎而道窮命盡不能庇九歳之男七歳之女天道無親其言不信猶黨錮餘烈哉陳留路粹中郎弟子也呈身漢賊奏殺賢者與馬融役於梁冀等耳東漢詞章拘客獨少府詩文豪氣直上孟子所謂浩然非耶琴堂衣冠客滿酒盈予尚能想見之

雜考

世說云孔文舉年十歳隨父到洛時李元禮有盛名為

司隸校尉詣門者皆儁才清稱及中表親戚乃通文
舉至門謂吏曰我是李府君親既通前坐元禮問曰
君與僕有何親對曰昔先君仲尼與君先人伯陽有
師資之親是僕與君奕世為通好也元禮及賓客莫
不奇之太中大夫陳韙後至人以其語語之韙曰小
時了了大未必佳文舉曰想君小時必當了了韙大
踧踖

別傳曰融四歲與兄食梨輒引小者人問其故答曰小

兒法當取小者

文苑傳曰禰衡避難荆州建安初來遊許下始達潁川乃陰懐一刺既而無所之適至於刺字漫滅是時許都新建賢士大夫四方來集或問衡曰盍從陳長文司馬伯達乎對曰吾焉能從屠沽兒耶又問荀文若趙稚長云何衡曰文若可借面弔喪稚長可使監厨請客唯善魯國孔融及弘農楊修常稱曰大兒孔文舉小兒楊德祖餘子碌碌莫足數也融亦深愛其才

衡始弱冠而融年四十遂與交友上書薦之

文士傳云衡少與孔融作爾汝之交時衡未滿二十融已五十敬衡才秀共結殷勤不能相違以建安初北游融數與武帝牋稱其才帝傾心欲見衡稱疾不肯往而數有言論帝甚忿之以其才名不殺圖欲辱之乃令録為鼓吏

世說云禰衡被魏武謫為鼓吏正月半試鼓衡揚枹為漁陽摻撾淵淵有金石聲四坐為之改容孔融曰禰

衡罪同胥靡不能發明王之夢魏武慙

禰衡傳云衡參撾而去顏色不怍操笑曰本欲辱衡衡反辱孤孔融退而數之曰正平大雅固當爾邪因宣操區區之意衡許往融復見操說衡狂疾今求得自謝操喜勑門者有客便通待之極晏衡乃著布單衣疏巾手持三尺梲杖坐大營門以杖築地大罵吏曰外有狂生坐於營門言語悖逆請收案罪操怒謂融曰禰衡豎子孤殺之猶鼠雀耳顧此人素有虛名遠

近將謂孤不能容之令送於劉表視當何如於是遣
人騎送之
楊彪傳云袁術僭亂操託彪與術婚姻誣以欲圖廢置
奏収下獄劾以大逆將作大匠孔融聞之不及朝服
往見操曰楊公四世清德海内所瞻周書父子兄弟
罪不相及況以袁氏歸罪楊公易稱積善餘慶徒欺
人耳操曰此國家之意融曰假使成王殺召公周公
可得言不知也今天下纓緌搢紳所以瞻仰明公者

以公聰明仁智輔相漢朝舉直措枉致之雍熙也今
横殺無辜則海内觀聽誰不解體孔融魯國男子明
日便當拂衣而去不復朝矣操不得已遂理出彪

世說云邊文禮才辨儁逸孔北海嘗薦于曹公曰邊讓
為九州之被則不足為單衣襜褕則有餘

魏志云陳元龍使功曹陳季弼詣許謂之曰許下論議
待吾不足足下相為觀察還以見誨季弼還曰聞遠
近之論頗謂明府驕而自矜元龍曰夫閨門雍穆有

德有行吾敬陳元方兄弟淵清玉潔有禮有法吾敬華子魚清修疾惡有識有義吾敬趙元達博聞強記奇逸卓犖吾敬孔文舉雄姿傑出有王伯之畧吾敬劉玄德所敬如此何驕之有

鄭玄傳云相國孔融深敬于玄屣履造門告高密為玄特立一鄉

邴原別傳云魯國孔融在郡教選計當任公卿之才乃以鄭玄為計掾彭璆為計吏原為計佐融有所愛一

人常戚嗟嘆之後恚望欲殺之朝吏皆請時其人亦在坐叩頭流血而融意不解原獨不為請融謂原曰衆皆請而君何獨不原對曰明府於某本不薄也常言歳終當舉之此所謂吾一子也如是朝吏受恩未有在某前者矣而今乃欲殺之明府愛之則引而方之於子憎之則推之欲危其身原愚不知明府以何愛之以何惡之融曰某生於微門吾成就其兄弟拔擢而用之某今孤負恩施夫善則進之惡則誅之固

君道也往者應仲遠為泰山太守舉一孝廉旬月之間而殺之夫君人者厚薄何常之有原對曰仲遠舉孝廉殺之其義焉在夫孝廉國之俊選也舉之若是則殺之非也若殺之是則舉之非也詩云彼己之子不遂其媾蓋譏之也語云愛之欲其生惡之欲其死既欲其生又欲其死是惑也仲遠之惑甚矣明府奚取焉融乃大笑曰吾直戲耳原又曰君子於其言出乎身加乎民言行君子之樞機也安有欲殺人而可

以為戲者哉融無以答是時漢朝陵遲政以賄成原又將家人入鬱洲山中郡舉有道融書喻原曰修性保貞清虛守高危邦不入久潛樂土王室多難西遷鎬京聖朝勞謙疇咨儁乂我徂求定策命懇惻國之將隕蹙不恤緯家之將亡緹縈跋涉彼匹婦也猶執此義實望根矩仁為己任授手援溺振民於難乃或晏晏居息莫我肯顧謂之君子固如此乎根矩根矩可以來矣原遂到遼東遼東多虎原之邑落獨無虎

患原嘗行而得遺錢拾以繫樹枝此錢既不見取而繫錢者愈多問其故答者謂之神樹原惡其由己而成淫祀乃辯之於是里中遂斂其錢以為社供後原以歸鄉里止於三山孔融書曰隨會在秦賈季在翟諮仰靡所歎息增懷頃知來至近在三山詩不云乎來歸自鎬我行永久今遣五官掾奉問榜人舟楫之勞禍福動靜告慰亂階未已阻兵之雄若棊弈爭梟原於是遂復反還積十餘年後乃遁還南行已數日而

度（度姓公孫遼東太守）甫覺度知原之不可復追也因曰邴君所謂雲中白鶴非鶉鷃之網所能羅矣又吾自遣之勿復求也遂免危難自反國土原於是講述禮樂吟咏詩書門徒數百服道數十時鄭玄以博學洽聞註解典籍故儒雅之士集焉原亦以高遠清白頤志澹泊口無擇言身無擇行故英偉之士向焉是時海內清議云青州有邴鄭之學

魏志云王修游學南陽止張奉舍奉舉家得疾病無相

視者修親隱恤之病愈乃去初平中北海孔融召以
為主簿守高密令高密孫氏素豪俠人客數犯法民
有相刼者賊入孫氏吏不能執修將吏民圍之孫氏
拒守吏民畏憚不敢近修令吏民敢有不攻者與同
罪孫氏懼乃出賊由是豪彊懾服舉孝廉修讓邴原
融不聽答修教曰原之賢也吾已知之矣昔高陽氏
有才子八人堯不能用舜實舉之原可謂不患無位
之士以遺後賢不亦可乎修重辭融答曰掾清身潔

已歷試諸難謀而鮮過惠訓不倦余嘉乃勲應乃懿
德用升爾于王庭其可辭乎時天下亂遂不行頃之
郡中有反者修聞融有難夜往奔融賊初發融謂左
右曰能冒難來唯王修耳言終而修至復署功曹時
膠東多賊冦復令修守膠東令
鄭玄傳云玄惟有一子益恩孔融在北海舉為孝廉及
融為黃巾所圍益恩赴難殞身有遺腹子玄以其手
文似已名之曰小同

魏書云袁紹宿與故太尉楊彪大長秋梁紹少府孔融
有隙欲使公以他過誅之公曰當今天下土崩瓦解
豪傑並起輔相君長人懷快快各有自為之心此上
下相疑之秋也雖以無嫌待之猶懼未信如有所除
則誰不自危且夫起布衣在塵垢之間為庸人之所
陵陷可勝怨乎高祖赦雍齒之讎而羣情以安如何
忘之紹以為公外託公義內實離異深懷怨望

語林云獻帝嘗晏見孔文舉與郗鴻豫問文舉曰鴻豫

何所優長文舉言可與適道未可與權鴻豫舉笏曰融昔宰北海政散人流其權安在遂與文舉互相短長

魏氏春秋云袁紹之敗也融與太祖書曰武王伐紂以妲已賜周公太祖以融學博謂書傳所紀後見問之對曰以令度之想其當然耳十三年融對孫權使有訕謗之言坐棄市二子年八歲時方弈棊融被收端坐不起左右曰而父見執不起何也二子曰安有巢

毀而卵不破者乎遂俱見殺融有高名清才世多哀之太祖懼遠近之議也乃令曰大中大夫孔融既伏其罪矣然世人多採其虛名少於核實見融浮艷好作變異眩其誑詐不復察其亂俗也此州人說平原禰衡受傳融論以為父母與人無親譬若缻器寄盛其中又言若遭饑饉而父不肖寧贍活餘人融違天反道敗倫亂理雖肆市朝猶恨其晚更以此事列上宣示諸軍將校掾屬皆使聞見

世說云孔融被収中外惶怖時融兒大者九歲小者八歲二兒故琢針戲了無遽容融謂使者曰冀罪止於身二兒可得全不兒徐進曰大人豈見覆巢之下復有完卵乎尋亦収至

世語云魏太祖以歲儉禁酒融謂酒以成禮不宜禁由是惑衆太祖収寘法焉二子齠齔見収顧謂二子曰何以不辟二子曰父尚如此復何所辟

世說云孔北海被収時男方九歲女纔七歲以幼弱得

全寄住他舍主人遺以肉汁男飲之女曰今日之禍
豈得久活何賴知肉味乎或有言於曹操收之將加
戮女謂兄曰若死而有知得見父母豈非至願乃延
頸就刑

魏畧云脂習字元升京兆人公府辟舉高第天子西遷
及詣許昌習常隨從與少府孔融親善太祖為司空
威德日盛融書疏倨傲習常責融欲令改節融被誅
時許中百官與融相親善者莫敢收恤習獨撫而哭

之曰文舉卿舍我死我當復與誰語者

語林云脂元升以哭孔文舉尸魏太祖收欲治罪以其事直見原元升後見太祖陳謝前愆太祖呼其字曰元升卿故慷慨

孔北海集附錄

仿古版文淵閣四庫全書

集部・孔北海集

編纂者◆（清）紀昀　永瑢等
董事長◆施嘉明
總編輯◆方鵬程
編印者◆本館四庫籌備小組
承製者◆博創印藝文化事業有限公司

出版發行：臺灣商務印書館股份有限公司
台北市重慶南路一段三十七號
電話：(02)2371-3712
讀者服務專線：0800056196
郵撥：0000165-1
網路書店：www.cptw.com.tw
E-mail：ecptw@cptw.com.tw
網址：www.cptw.com.tw

局版北市業字第 993 號
初版一刷：1986 年 5 月
二版一刷：2010 年 10 月
三版一刷：2012 年 10 月
定價：新台幣 900 元　A7620251

國立故宮博物院授權監製
臺灣商務印書館數位製作

ISBN 978-957-05-2768-1

國家圖書館出版品預行編目 (CIP) 資料

欽定四庫全書．集部 ： 孔北海集／（清）紀昀， 永
瑢等編纂．-- 三版．-- 臺北市 ： 臺灣商務，
2012. 10
面；　　公分
ISBN 978-957-05-2768-1（線裝）

1. 四庫全書

082.1　　101019724